CC PALETAS DE DEVOLUCIÓN DE AMAZON

Maneras simples de ganar dinero usando las paletas de liquidación de Amazon

INTRODUCCIÓN

Las compras en línea se están convirtiendo rápidamente en el estándar, y Amazon, el mercado en línea más grande, ha visto la mayor afluencia de clientes. Sin embargo, la excepcional expansión de Amazon se ha traducido en un aumento del número de devoluciones.

Por lo tanto, si desea vender en Amazon, debe estar preparado para recibir devoluciones de productos de vez en cuando. Si bien es posible que esto no se deba por completo a la calidad de sus productos, tiene un impacto directo en su tasa de devolución, y una tasa de devolución alta puede provocar la suspensión de su cuenta de Amazon.

Las devoluciones son malas para los vendedores a largo plazo, pero pueden ser una gran ayuda para los revendedores que entienden cómo adquirir paletas de devolución de Amazon.

En este libro, le mostraré cómo comprar paletas de devolución de Amazon, dónde comprarlas y cómo revenderlas para obtener ganancias. Pero primero, veamos algunas estadísticas de devolución de Amazon para comprender por qué las personas devuelven las compras de Amazon.

Capítulo 1

¿Por qué los clientes de Amazon devuelven productos?

Según las estadísticas, alrededor del 67% de los compradores en línea revisan la página de devoluciones antes de realizar una compra. Como resultado, no es de extrañar que la política de devoluciones complaciente de Amazon sea una de las principales razones por las que a los consumidores les gusta comprar allí.

Las personas, por otro lado, no compran en línea con la intención de devolver sus compras. Aunque algunas razones para la devolución de productos son intangibles, la mayoría de los clientes devuelven cosas porque están dañadas, defectuosas, de mala calidad o, en ciertas circunstancias, no recibieron lo que esperaban.

El 20 % de los clientes devolvieron cosas porque estaban dañadas, el 21 % recibió un producto que parecía diferente al pedido, el 23 % recibió el artículo incorrecto y el 36 % devolvió productos por razones que conocen mejor.

Los motivos de las devoluciones pueden ser comprensibles desde la perspectiva del cliente, pero demasiadas devoluciones pueden ser perjudiciales para los comerciantes de Amazon. Afortunadamente, los minoristas ahora pueden comprar paletas de devolución de Amazon, revenderlas y obtener ganancias en lugar de incurrir en pérdidas totales.

Capitulo 2

¿Qué sucede con las devoluciones de productos en Amazon?

Dependiendo del estado de los productos devueltos, Amazon tiene múltiples opciones para gestionar la mercancía devuelta.

A menudo revenden cosas en buen estado y descartan las que están dañadas. Sin embargo, liquidan en algunas situaciones. Amazon simplemente distribuye los productos devueltos a empresas asociadas que se especializan en revender productos devueltos cuando liquidan. Los palés de devolución de Amazon se utilizan con frecuencia para la liquidación.

Amazon anunció el lanzamiento de sitios de reventa de liquidación en 2021 para ayudar a los vendedores a revender la mercancía devuelta.

Para los vendedores de Logística de Amazon que desean volver a poner en venta y revender su inventario devuelto en Amazon como productos usados, existe el programa Calificar y revender. También está Amazon Outlet, un programa que permite a los minoristas vender productos con exceso de existencias. Amazon también opera un sitio web de ofertas diarias llamado Woot, que es un excelente lugar para que los comerciantes revendan sus productos.

Estos canales pueden sonar o funcionar bien, pero no todos los vendedores quieren lidiar con el estrés de recibir artículos devueltos, volver a empaquetarlos y luego volver a publicarlos en Amazon. Los vendedores que prefieran no lidiar con esta tensión pueden descubrir cómo comprar paletas de liquidación de Amazon.

Capítulo 3

¿Qué son exactamente los palets de devolución de Amazon?

Las paletas de devolución de Amazon son paletas de madera grandes que se utilizan para enviar mercancías de regreso a Amazon. Son casi del mismo tamaño que un palet estándar e incluyen aberturas en la parte superior e inferior para facilitar la carga y descarga de un camión.

Los proveedores externos que venden productos en Amazon suelen utilizar palés de devolución de Amazon. Cuando estos proveedores reciben un pedido de Amazon, envían la mercancía en un palé de devolución de Amazon al comprador. Si los productos están rotos o defectuosos, el vendedor puede devolverlos a Amazon utilizando el palé de devolución.

Amazon también organiza las devoluciones de los clientes en cajas distintas y luego las vende con descuento a grandes corporaciones. Estas empresas luego venden los productos a revendedores que están dispuestos a aceptar el riesgo.

Cómo funciona la política de devolución gratuita de Amazon

Para comprender qué paletas de $ 1 de Amazon están a la venta, primero debe comprender la política de devolución gratuita que ofrecen las grandes plataformas minoristas como Amazon. Cuando las cosas están dañadas o no son satisfactorias, la política de devolución gratuita permite a los clientes ser más flexibles en sus decisiones de compra. Sin embargo, la cantidad de paletas y mercancías de Amazon devueltas está aumentando. Estos artículos devueltos no pueden simplemente permanecer en el estante de devolución; deben ser vendidos. Cuando se devuelven los productos, se inspeccionan y se determina la capacidad de reventa. Amazon se asegura de que los productos devueltos se vendan a otros consumidores de esta manera.

El costo de reabrir las turmas de devolución, inspeccionar, almacenar y volver a empacar, por otro lado, es muy alto. Como resultado, los proveedores a los que se les devuelven sus productos con frecuencia los conservan como palets de devolución de Amazon. Los palés de devolución de Amazon son productos que ya se han empaquetado y enviado para la venta de palés de Amazon, pero que se han devuelto a

Amazon en palés. Amazon puede luego venderlos a empresas que buscan comprar paletas de devolución. Comprar paletas de devolución sin abrir de otros comerciantes de Amazon no representa ningún riesgo. Esto se debe al hecho de que los palets han estado en tránsito varias veces y los productos no han sido revisados.

El producto puede estar algo dañado o no estar en su estado original. Sin embargo, los productos no suelen estar dañados y han sufrido poco o ningún daño durante el tránsito. Debido a que la paleta de devolución no se abre ni se verifica, la paleta es equivalente a una paleta misteriosa de Amazon para el nuevo comerciante. Las tarifas con descuento a las que se venden los envíos brindan un beneficio a los vendedores que compran estos paquetes invisibles. El proveedor que compra paletas de devolución no está obligado a obtener o fabricar sus productos. Puede comprar estos palets de devolución y revender mercancías nuevas y reacondicionadas.

Afortunadamente, actualmente existe una gran necesidad de artículos reacondicionados y reacondicionados. La gente busca comprar estas cosas en las tiendas de Internet.

Capítulo 4

Comprar paletas de devolución de Amazon

Amazon crea con frecuencia palets de devolución para facilitar una liquidación rápida y sencilla. Como resultado, generalmente venden a liquidadores que pueden aceptar grandes cantidades de inventario a la vez. Estos liquidadores luego venden las paletas devueltas a bajo costo a revendedores y pequeñas empresas.

Entonces, en lugar de recurrir a intermediarios que seguramente inflarían el precio, puede adquirir devoluciones de Amazon de empresas de liquidación. Estas empresas adquieren palets de devolución en las subastas de liquidación de Amazon.

Ventas de liquidación de Amazon

Las empresas de liquidación utilizan las ofertas para comprar paletas de devolución de Amazon. Las empresas de liquidación registradas pueden presentar ofertas fácilmente y obtener un camión lleno de productos o inventario devueltos con exceso de existencias. La subasta de liquidación de Amazon es una excelente opción para los grandes compradores corporativos que buscan comenzar con un inventario diverso.

La única estipulación es que Amazon no revela el contenido de los palés, y estas empresas no revelan el contenido de los palés a los revendedores.

¿Qué debe incluir un palé de devolución de Amazon?

El contenido de una paleta de devolución es completamente impredecible. Las paletas a menudo se llenan con una variedad de mercancías de varias categorías. Por ejemplo, un palé puede contener aparatos, ropa, productos de belleza, videojuegos y otros artículos.

Algunas webs de liquidación incluyen unas cuantas fotografías, que suelen ser insuficientes porque no se puede ver el palet completo. Algunos sitios web de liquidación, por otro lado, proporcionan un manifiesto que consta de una serie de páginas que enumeran todos los elementos de la paleta, para que pueda ver todo lo que contiene.

La única desventaja de comprar devoluciones de Amazon es que no todas las cosas estarán en excelentes condiciones. Algunos pueden no ser aptos para la venta, mientras que otros pueden ser excelentes para la reventa. Algunos pueden requerir que los repare o retoque antes de revenderlos.

¿Es mejor comprar devoluciones de Amazon o palets de liquidación?

Considere todas sus opciones antes de comprar devoluciones de Amazon. Si bien comprar paletas de Amazon puede ser una idea fantástica si planea iniciar un negocio de arbitraje minorista, debe proceder con precaución o puede terminar perdiendo más dinero del que pretendía.

Sí, puede comprar una amplia variedad de cosas con un gran descuento, pero si la mayoría de ellas no se pueden vender, puede terminar perdiendo dinero. Entonces, si bien comprar paletas de Amazon tiene ventajas, también tiene desventajas que no deben pasarse por alto.

Las siguientes son algunas ventajas y desventajas de comprar tarimas de devolución:

Beneficios

• **Puede comprar en cantidades modestas y ahorrar dinero.**

Comprar paletas de devolución de Amazon es una excelente estrategia para reducir los costos iniciales de su negocio de reventa. Tienes la oportunidad de comprar una gran cantidad de cosas a un bajo costo.

• No es necesario que necesite un almacén masivo.

Debido a que comprará artículos en piezas, no necesitará mucho almacenamiento, lo cual es una ganancia porque ahorrará dinero en almacenamiento.

• Puedes evitar los intermediarios.

Comprar paletas de devolución le ahorra más dinero que comprar a mayoristas o intermediarios que cobran un recargo.

inconvenientes

• No se le dará una descripción detallada de lo que contiene el palé. Esto puede ser peligroso, especialmente si prefiere vender en una sola categoría.

• Si obtiene productos rotos, puede terminar con un

inventario que no se puede vender.

• Si tiene la intención de expandir su negocio de Amazon, esta estrategia comercial es altamente insostenible y es posible que no funcione para usted a largo plazo.

Capítulo 5

¿Dónde puedo comprar paletas de devolución de Amazon?

Los palés de devolución de Amazon se pueden comprar en

empresas de liquidación. Hay numerosas empresas de liquidación para elegir, pero debe asegurarse de que está comprando u organizaciones acreditadas. Aquí hay algunas compañías de liquidación donde puede comprar devoluciones de Amazon.

liquidacion.com

Liquidation.com es una de las firmas de liquidación más grandes y confiables. La mayoría de los revendedores que adquieren devoluciones de

Amazon primero miran este sitio web.

Liquidation.com vende paletas de devolución de Amazon a través de subastas, por lo que debe registrarse y ofertar. Sin embargo, Liquidation.com, como la mayoría de las empresas de liquidación, no divulga ninguna información sobre el contenido de los palés devueltos, por lo que los minoristas deberán averiguarlo por sí mismos después de la compra.

Liquidación Directa

Direct Liquidation es comparable a liquidation.com en el sentido de que ambas empresas trabajan con grandes tiendas como Amazon, Target y Walmart. Como resultado, puede esperar encontrar fantásticas ofertas en este sitio web.

Direct liquidation.com le permite refinar su búsqueda por el mercado. Si solo desea comprar devoluciones de clientes de Amazon, puede buscar y descubrir alternativas de paletas de Amazon.

La liquidación directa no proporciona descripciones

detalladas del contenido de sus paletas, sin embargo, ocasionalmente adjuntan fotografías. Sin embargo, no confíe en las fotos porque rara vez representan realmente el contenido de la paleta.

Este sitio web, al igual que liquidation.com, vende paletas exclusivamente mediante subasta, por lo que debe registrarse y enviar ofertas para obtener una paleta que le interese.

888Lots.com

888Lots.com no es tan conocido como los otros

mencionados anteriormente. Obtienen la mayoría de sus paletas de Amazon, y la mejor parte de comprar devoluciones de Amazon en 888lots.com es que puede obtener productos específicos a costos drásticamente reducidos.

También incluyen un manifiesto, que es una descripción detallada del contenido de sus paletas, así como una calculadora de Amazon para ayudarlo a estimar sus costos y determinar si la paleta es una buena ganga.

Si bien es posible que pueda comprar productos específicos a costos increíblemente bajos, es posible que no siempre reciba las mejores ofertas porque los productos pueden estar defectuosos.

888 Lots exige un certificado de reventa actual de los clientes estadounidenses. Si no tiene su sede en los Estados Unidos, debe presentar una documentación de registro comercial válida.

Bulq

Bulq es otra empresa de liquidación popular que

compra devoluciones de los consumidores a granel de varios mercados en línea además de Amazon.

Bulq, u diferencia de la mayoría de otras empresas de liquidación, no vende en subasta. Cuando vea un palet que desea, todo lo que tiene que hacer es agregarlo a su carrito y pagarlo.

Proporcionan una descripción completa y fotografías de su palé, pero no puede estar seguro del contenido de su palé ni de la calidad de la mercancía.

BlueLots

Bluelots es otra empresa de liquidación muy conocida que permite a los revendedores comprar fácilmente reembolsos de Amazon o devoluciones de clientes de otros mercados.

Tienen una opción de búsqueda que le permite encontrar paletas de cualquier mercado que elija, lo cual es útil porque con frecuencia tienen una combinación de paletas de múltiples mercados.

BlueLots ofrece una variedad de información sobre paletas

devueltas, lo que le permite tomar una decisión informada. Puede ver manifiestos completos e imágenes claras para tener una idea del contenido de la tarima.

Capítulo 6

¿Cuánto cuestan las paletas de devolución de Amazon?

El precio de una paleta de liquidación de Amazon varía según el tamaño de la paleta y el sitio web de liquidación desde el que desea comprar. Algunos sitios web de liquidación tienen tarifas fijas, mientras que otros realizan subastas y venden en función de las ofertas.

Las tarifas por tarima pueden oscilar entre $100 y $5,000 en promedio, dependiendo de la calidad y el valor de los productos. Sin embargo, es posible que este rango de precios no se aplique a todas las paletas o sitios web, ya que algunas paletas pueden costar hasta $ 10,000.

Las tarifas de envío varían entre las empresas de liquidación, mientras que algunas ofrecen envío gratuito.

Por lo general, usted será responsable de los gastos de envío, que se deciden según el tamaño de su artículo y la distancia entre el destino de entrega y su ubicación.

Capítulo 7

Consejos profesionales para comprar paletas de devolución de Amazon

Antes de decidir comprar devoluciones de Amazon, investiga y ármate con suficiente información para asegurarte de recuperar tu dinero. Lo ayudaremos a obtener valiosas paletas de devolución ahora que tiene una lista de lugares donde comprar paletas de devolución.

Obtenga más información sobre la empresa de liquidación

No empiece simplemente a obtener paletas de devolución de cualquier sitio web; en su lugar, tómese el tiempo para aprender más sobre las empresas. Las personas que les han comprado anteriormente pueden tener información útil, como las mejores categorías para comprar, la experiencia del cliente, etc.

Revisar las revisiones en línea es un excelente enfoque para obtener más información sobre una empresa en liquidación. Puede tomar decisiones de licitación mejor informadas si sabe tanto como sea posible sobre el artículo, el negocio, la calidad de los productos y las políticas de devolución.

Examinar las Condiciones de Compra

Antes de hacer una oferta, asegúrese de comprender el estado de la mercancía. Además, tenga en cuenta que algunos artículos pueden requerir renovación, así que asegúrese de tener tiempo para hacerlo. Si el sitio web desde el que está comprando ofrece un manifiesto, léalo detenidamente e intente comprender las descripciones de los artículos, el número y el valor estimado.

Obtenga una estimación de sus costos de envío

Cuando se trata de revender, sus gastos de envío son el predictor más importante de su beneficio neto. Por lo tanto, antes de realizar una compra, reciba una estimación precisa de los gastos de envío. Puede terminar gastando más en la entrega que en la transacción real.

Antes de ofertar por un palé, asegúrese de que el costo de envío valga la pena.

Sea selectivo

Si es la primera vez que compra palets, pregunte por recomendaciones. No se sugiere comprar una plataforma de productos electrónicos por primera vez porque pueden ser difíciles de reparar y provocar una pérdida a largo plazo.

Además, compare los sitios web de liquidación y elija los que tengan los precios más altos. Recuerde, el objetivo es revender y obtener ganancias, y es posible que deba gastar dinero en reparaciones, por lo tanto, mantenga el precio de costo original lo más bajo posible.

Una vez que haya decidido un sitio web y una paleta de colores, comience con pequeñas inversiones en efectivo.

Capítulo 8

Cómo ganar dinero con las devoluciones de Amazon

Como se indicó anteriormente, el propósito de comprar devoluciones de Amazon es revenderlas. Por lo tanto, el método ideal para beneficiarse de las devoluciones de Amazon es utilizar sus compras para lanzar un negocio de arbitraje minorista. El principal problema es que no todo lo que recibes será satisfactorio; es posible que deba arreglarlos antes de volver a ponerlos en venta a un precio más alto.

Aquí hay dos estrategias para aumentar sus posibilidades de beneficiarse de los reembolsos de Amazon.

Restaurar y reparar

Dedique el mayor tiempo posible a mantener y actualizar los productos para maximizar su valor de reventa. La clave para beneficiarse de las devoluciones de los consumidores es hacer que se vean como nuevos.

Los productos en las tarimas frecuentemente tienen piezas faltantes o accesorios de empaque fuera de lugar. Reemplazar las piezas faltantes y los materiales de empaque podría aumentar el valor de reventa de su producto.

Pruebe la agrupación de productos

La agrupación de productos es un enfoque excelente para vender rápidamente. El truco está en combinar productos complementarios y venderlos en paquete con descuento.

Puede vender una bolsa junto a un zapato a juego. De esta manera, puede agotar rápidamente el contenido de su palet y recuperar su inversión.

Capítulo 9

¿Debe comprar devoluciones de Amazon?

Sí, si desea iniciar un arbitraje minorista con un pequeño costo inicial, debe considerar comprar devoluciones de Amazon. Sin embargo, existe un nivel sustancial de riesgo involucrado, por lo tanto, no se garantiza que gane dinero.

Sin embargo, si está listo para correr el riesgo, es un método fantástico para ganar dinero en línea. Para empezar, no necesitarás mucho espacio de almacenamiento ni conocimientos tecnológicos; todo lo que necesita hacer es aumentar el valor de reventa de sus productos.

La reventa es un excelente método para ingresar al mercado de Amazon; sin embargo, debe considerar cuidadosamente sus alternativas antes de comprar devoluciones de Amazon.

Made in the USA
Columbia, SC
29 October 2024